Paso a paso

La historia de una rana

Todo comienza con un renacuajo

Shannon Zemlicka

ediciones Lerner ◆ Mineápolis

ediciones Lerner
Una división de Lerner Publishing Group, Inc.
241 First Avenue North
Mineápolis, MN 55401, EE. UU.

Si desea averiguar acerca de niveles de lectura y para obtener más información, favor consultar este título en www.lernerbooks.com.

Créditos de las imágenes: Kurit Afsheen/EyeEm/Getty Images, p. 3; Jake Booth/EyeEm/Getty Images, pp. 4–5, 23 (ángulo superior izquierdo); Adrian Bosio/EyeEm/Getty Images, pp. 6–7, 23 (ángulo inferior izquierdo); mauribo/iStock/Getty Images, pp. 8–9, 23 (ángulo inferior derecho); Suwat wongkham/Shutterstock.com, pp. 10–11; Wild Horizons/Universal Images/Getty Images, pp. 12–13;Steve Byland/Shutterstock.com, pp. 14–15, 23 (ángulo superior derecho); ePhotocorp/iStock/Getty Images, pp. 16–17; Matt Meadows/Photolibrary/Getty Images, pp. 18–19; kororokerokero/Getty Images, pp. 20–21; BrianLasenby/iStock/Getty Images, p. 22. Portada: Jennifer Shields/jjs08 images/Getty Images (renacuajos); GlobalP/iStock/Getty Images (rana).

Fuente del texto del cuerpo principal: Mikado Medium.
Fuente proporcionada por HVD Fonts.

Library of Congress Cataloging-in-Publication Data

Names: Knudsen, Shannon, 1971- author.
Title: La historia de una rana : todo comienza con un renacuajo / Shannon Zemlicka.
Other titles: Story of a frog. Spanish
Description: Minneapolis : ediciones Lerner, 2022. | Series: Paso a paso | Includes bibliographical references and index. | Audience: Ages 4–8 | Audience: Grades K–1 | Summary: "A frog wasn't always a frog. It started as a tiny tadpole leaving an egg. Readers can discover all the steps in the life cycle of a frog in this start-to-finish telling. Now in Spanish!"– Provided by publisher.
Identifiers: LCCN 2021021132 (print) | LCCN 2021021133 (ebook) | ISBN 9781728441900 (library binding) | ISBN 9781728447865 (paperback) | ISBN 9781728443980 (ebook)
Subjects: LCSH: Frogs–Life cycles–Juvenile literature. | Frogs–Metamorphosis–Juvenile literature. | Frogs–Development–Juvenile literature. | Tadpoles–Juvenile literature.
Classification: LCC QL668.E2 K8618 2022 (print) | LCC QL668.E2 (ebook) | DDC 597.8/9–dc23

LC record available at https://lccn.loc.gov/2021021132
LC ebook record available at https://lccn.loc.gov/2021021133

Fabricado en los Estados Unidos de América
1-49945-49788-6/15/2021

¡Croac!

Esta es una rana.

¿Cómo crece una rana?

Crecen renacuajos
diminutos.

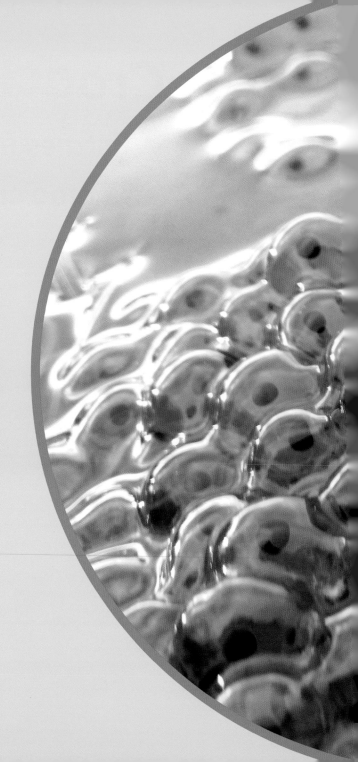

Un renacuajo sale
de su huevo.

Su cola se hace
más larga.

El renacuajo
comienza a
nadar.

El renacuajo empieza
a alimentarse.

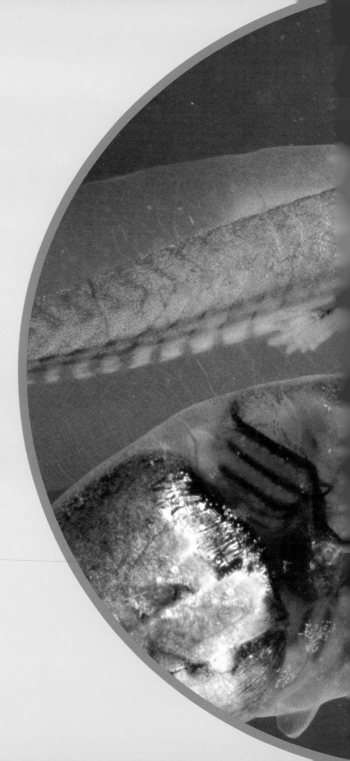

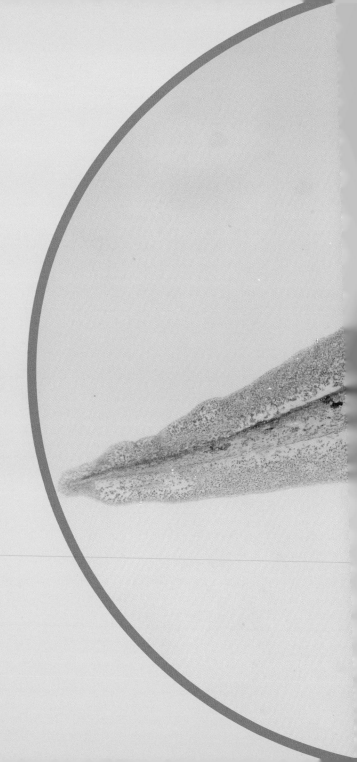

Crecen las patas
traseras.

Crecen las patas delanteras.

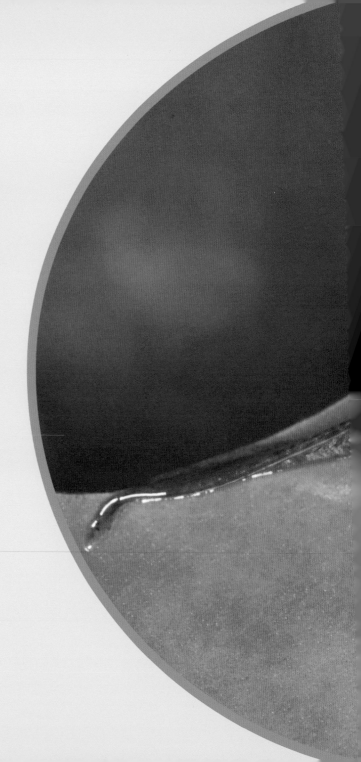

El renacuajo sale
del agua.

Su cola se encoge.

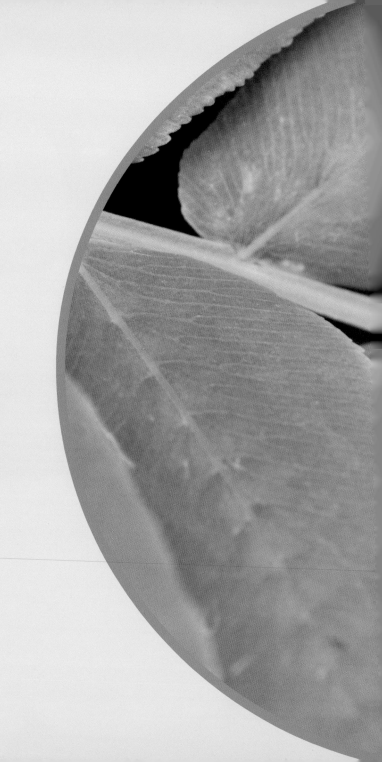

¡Hola, rana!

Glosario con imágenes

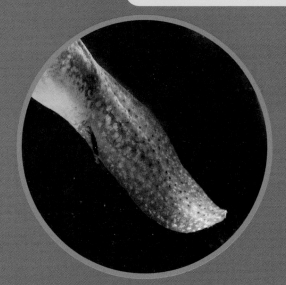

cola

huevo

patas

renacuajo

Otros títulos

Hurley, Jorey. *Ribbit*. New York: Simon & Schuster Books for Young Readers, 2017.

Kenan, Tessa. *It's a Red-Eyed Tree Frog!* Minneapolis: Lerner Publications, 2017.

Vasilyeva, Anastasiya. *Frog*. New York: Bearport, 2017.

Índice